John Bentham

Cupcake Academy

Photographies de Philippe Vaurès Santamaria

Stylisme de John Bentham

John Bentham remercie Campion Frames of The Mint (Rye, Angleterre), ainsi
qu'Aurélie Starckmann des éditions First pour sa confiance
et Philippe pour ses photos.

Envoyez vos créations de cupcakes à thedogsbreakfast@btinternet.com

ISBN : 978-2-7540-0862-4
Dépôt légal : juin 2008
Imprimé en France par Pollina, 85400 Luçon - n° L47197
Édition : Aurélie Starckmann
Conception graphique : kumquat
Photos © Philippe Vaurès Santamaria
Pictogramme © Pascale Etchecopar

Nous nous efforçons de publier des ouvrages qui correspondent à vos attentes et
votre satisfaction est pour nous une priorité. Alors, n'hésitez pas à nous faire part
de vos commentaires :

Éditions First
2 ter, rue des Chantiers
75005 Paris – France
e-mail : firstinfo@efirst.com
Site internet : www.efirst.com

Sommaire

Introduction

Bienvenue dans l'atelier !

Dans les pages qui suivent, vous allez apprendre à faire de somptueux cupcakes, classiques ou plus originaux.

Tous les gâteaux sont inspirés par des chefs-d'œuvre de peintres, de sculpteurs, ou par l'univers d'un artiste de renommée internationale. A vous de cuisiner un « Vernissage », un « Caravage », ou encore un « Kahlo » !

L'extraordinaire avantage du cupcake est qu'il se prête à toutes les variations. Une fois que vous maîtriserez une ou deux recettes, vous vous mettrez à inventer les vôtres selon vos envies, vos désirs et votre inspiration.

Pour réussir vos cupcakes, il est important de toujours attendre 10 minutes avant de les retirer du moule, puis de les poser sur une grille pour qu'ils finissent de refroidir.

Et pour le décor de ces adorables petits cakes, tout est possible. Laissez libre cours à votre fantaisie : vous pouvez vous inspirer de tout, absolument de tout !

Dans ces recettes, j'utilise des colorants alimentaires qui ont été spécialement conçus pour décorer les gâteaux. Ils s'achètent dans les magasins spécialisés, dont vous trouverez les adresses sur Internet. Ils sont souvent présentés dans de petits pots, sous forme de gelée, et sont disponibles dans une gamme de couleurs assez étonnante. Même si le choix est plus limité, vous en trouverez aussi très facilement dans les supermarchés. Petit truc de cuisinier : utilisez très peu de colorant pour donner à vos glaçages la teinte voulue.

Alors maintenant, habillez-vous de votre plus joli tablier, armez-vous d'une poche à douille et de douilles, d'un batteur électrique ou d'un robot, d'une série de décorations et de colorants alimentaires. Et n'oubliez pas de mettre un peu de musique pour cuisiner dans la bonne humeur !

Les Lèvres de Mae West
Cupcake aux fraises

coût moyen • facile à réaliser • préparation : 40 min • cuisson : 15 min • 12 cupcakes

saladier
fouet électrique
poche à douille
moule à muffins
12 caissettes en papier

Pour les cupcakes
2 œufs bio
125 g de sucre en poudre
125 g de farine avec levure incorporée
125 g de beurre fondu

Pour la décoration
25 cl de crème double
6 fraises

1 Préchauffez votre four à 180 °C et préparez d'avance un moule à muffins en disposant les caissettes en papier à l'intérieur.

2 Dans un saladier, battez ensemble le sucre et les œufs avec un fouet électrique jusqu'à ce que le mélange blanchisse. Ajoutez le beurre petit à petit en continuant de fouetter. Ensuite incorporez la farine et mélangez doucement.

3 Une fois que votre pâte est lisse et homogène, remplissez les moules à moitié, mettez-les dans le four à mi-hauteur et laissez cuire pendant environ 15 minutes. Attendez 10 minutes avant de retirer les cupcakes du moule, puis posez-les sur une grille pour qu'ils finissent de refroidir.

4 Pour décorer les cupcakes, montez la crème double en chantilly et à l'aide d'une poche à douille et déposez-la en spirale. Terminez par une fraise coupée en quatre.

variante
Pour faire un cupcake encore plus surprenant : une fois vos gâteaux bien refroidis, retirez avec une cuillère parisienne un petit morceau sur le dessus. Versez dans le trou 1 cuillerée à café de coulis de fraises avant de remettre le bout de gâteau et de réaliser votre décoration.

 ## truc de cuisinier
Pour être sûr que la crème ne retombe pas, ajoutez 1 petite cuillerée à soupe de sucre glace juste avant qu'elle soit complètement montée en chantilly.

Le Mondrian
Cupcake vanillé multicolore

bon marché • peu difficile à réaliser • préparation : 40 min • cuisson : 15 min • 12 cupcakes

saladier - fouet électrique
poche à douille
moule à muffins
12 caissettes en papier

Pour les cupcakes
2 œufs bio
125 g de sucre en poudre
125 g de farine avec levure incorporée
125 g de beurre fondu
1 cuil. à café d'extrait de vanille de bonne qualité

Pour le glaçage
250 g de sucre glace
3-4 cuil. à soupe de jus de citron
quelques gouttes de colorant alimentaire jaune, rouge et bleu

Pour le glaçage noir
80 g de sucre glace
50 g de beurre
1 cuil. à soupe de lait
colorant alimentaire noir

1 Préchauffez votre four à 180 °C et préparez d'avance un moule à muffins en disposant les caissettes en papier à l'intérieur.

2 Dans un saladier, battez ensemble le sucre, l'extrait de vanille et les œufs avec un fouet électrique pour obtenir une pâte claire, légère et homogène. Ajoutez le beurre petit à petit en continuant de fouetter. Ensuite incorporez la farine et mélangez doucement. Une fois que votre pâte est lisse et homogène, remplissez les moules à moitié, mettez-les dans le four à mi-hauteur et laissez cuire pendant environ 15 minutes. Attendez 10 minutes avant de retirer les cupcakes du moule, puis posez-les sur une grille pour qu'ils finissent de refroidir.

3 Pour le glaçage, commencez par bien mélanger le sucre glace avec le jus de citron. Ensuite, répartissez le mélange dans 3 petits bols. Ajoutez dans chacun suffisamment de colorant alimentaire pour obtenir les 3 couleurs nécessaires : du rouge, du jaune et du bleu.

4 Pour préparer le glaçage noir, mettez tous les ingrédients dans le bol de votre mixeur sauf le colorant et mixez bien. Ajoutez le colorant alimentaire petit à petit tout en continuant de mixer pour obtenir un mélange noir foncé. Prenez une douille à fine ouverture, et dessinez d'abord les carrés noirs sur les gâteaux. Remplissez ensuite chaque carré avec une des 3 couleurs.

variante
Vous pouvez créer tous les motifs que vous désirez : vos gâteaux deviendront de véritables œuvres d'art.

 truc de cuisinier
Si vous préférez, utilisez une seringue médicale sans l'aiguille pour remplir les carrés de nappage coloré.

Le Van Gogh et Gauguin
Cupcake à l'orange

bon marché • facile à réaliser • préparation : 40 min • cuisson : 15 min • 12 cupcakes

saladier
fouet électrique
moule à muffins
12 caissettes en papier

Pour les cupcakes

2 œufs bio

125 g de sucre en poudre

125 g de farine avec
levure incorporée

125 g de beurre fondu

le zeste d'1 orange bio

1 cuil. à soupe d'eau
de fleur d'oranger

Pour le glaçage

170 g de sucre glace

110 g de beurre

3 cuil. à soupe de lait

Pour la décoration

le zeste d'1 orange

1 Préchauffez votre four à 180 °C et préparez d'avance un moule à muffins en disposant les caissettes en papier à l'intérieur.

2 Dans un saladier, battez ensemble le sucre et les œufs avec un fouet électrique pour obtenir une pâte claire, légère et homogène. Ajoutez le beurre petit à petit en continuant de fouetter. Ajoutez l'eau de fleur d'oranger. Ensuite incorporez la farine et les zestes d'orange, et mélangez doucement.

3 Une fois que votre pâte est lisse et homogène, remplissez les moules à moitié, mettez-les dans le four à mi-hauteur et laissez cuire pendant environ 15 minutes. Attendez 10 minutes avant de retirer les cupcakes du moule, puis posez-les sur une grille pour qu'ils finissent de refroidir.

4 Pour préparer votre glaçage, battez ensemble le sucre glace, le beurre et le lait. Étalez-le librement sur les gâteaux à l'aide d'un couteau palette et décorez avec les zestes d'orange.

variante
Pour évoquer un tableau de Van Gogh, ajoutez à votre glaçage du colorant alimentaire orange et, à l'aide d'une douille large en forme d'étoile, dessinez de grandes fleurs.

 **truc de cuisinier**
Des écorces d'orange confites à la place des zestes donneront au cupcake un aspect encore plus gourmand.

Le Paysagiste – Cupcake chantilly, crème de marrons

bon marché • facile à réaliser • préparation : 40 min • cuisson : 15 min • 12 cupcakes

saladier - fouet électrique
poche à douille - moule à muffins
12 caissettes en papier

Pour les cupcakes

125 g de sucre en poudre

125 g de farine avec levure incorporée - 2 œufs bio

125 g de beurre

1 cuil. à café d'extrait de vanille de bonne qualité

Pour le glaçage

20 cl de crème double

100 g de crème de marrons

Préchauffez votre four à 180 °C et disposez les caissettes en papier dans un moule à muffins.

Dans un saladier, battez ensemble le sucre, les œufs et la vanille avec le fouet jusqu'à ce que le mélange blanchisse. Ajoutez le beurre fondu petit à petit en continuant de fouetter. Incorporez ensuite la farine. Mélangez doucement. Une fois que votre pâte est lisse et homogène, remplissez les moules à moitié, mettez-les dans le four à mi-hauteur et laissez cuire pendant environ 15 minutes. Attendez 10 minutes puis laissez refroidir hors des moules.

À l'aide d'une cuillère parisienne, retirez une boule de gâteau et remplacez-la par 1 cuillerée à café de crème de marrons. Remettez le petit bout de gâteau.

Montez la crème en chantilly et décorez-en vos cupcakes à l'aide d'une poche à douille cannelée. Lavez ensuite votre poche à douille, mettez une douille fine et déposez la crème de marrons.

Le Vermeer – Cupcake aux marshmallows

bon marché • facile à réaliser • préparation : 40 min • cuisson : 15 min • 12 cupcakes

saladier - fouet électrique
moule à muffins
12 caissettes en papier

Pour les cupcakes

2 œufs bio - 125 g de sucre en poudre

125 g de farine avec levure incorporée - 125 g de beurre

200 g de mini-marshmallows

Pour le glaçage

250 g de sucre glace

3 cuil. à soupe de jus de citron

colorant alimentaire

Préchauffez votre four à 180 °C et disposez les caissettes en papier dans un moule à muffins.

Dans un saladier, battez ensemble le sucre et les œufs avec un fouet électrique jusqu'à ce que le mélange blanchisse. Ajoutez le beurre fondu petit à petit en continuant de fouetter. Ensuite incorporez la farine et mélangez doucement. Une fois que votre pâte est lisse et homogène, mettez quelques mini-marshmallows dans chaque caissette et remplissez les moules à moitié avec la pâte. Enfournez à mi-hauteur et laissez cuire pendant environ 15 minutes. Attendez 10 minutes puis laissez refroidir hors des moules.

Mélangez le sucre glace et le jus de citron et ajoutez un petit peu de colorant si vous en avez envie. Glacez les cupcakes à l'aide d'une cuillère à café ou d'un couteau palette. Décorez avec des mini-marshmallows.

L'Ange tombé

Cupcake classique, le vrai fairy cake

bon marché • facile à réaliser • préparation : 40 min • cuisson : 15 min • 12 cupcakes

saladier
fouet électrique
poche à douille
moule à muffins
12 caissettes en papier

Pour les cupcakes

2 œufs bio

125 g de sucre en poudre

125 g de farine avec
levure incorporée

125 g de beurre fondu

1 gousse de vanille

Pour le glaçage

25 cl de crème double

vermicelles en chocolat

1 Préchauffez votre four à 180 °C et préparez d'avance un moule à muffins en disposant les caissettes en papier à l'intérieur.

2 Dans un saladier, battez ensemble le sucre et les œufs avec un fouet électrique pour obtenir une pâte claire, légère et homogène. Grattez les graines de la gousse de vanille avec un couteau et ajoutez-les. Versez ensuite le beurre petit à petit tout en fouettant. Puis incorporez la farine et mélangez doucement.

3 Une fois que votre pâte est lisse et homogène, remplissez les moules à moitié, mettez-les dans le four à mi-hauteur et laissez cuire pendant environ 15 minutes. Attendez 10 minutes avant de retirer les cupcakes du moule, puis posez-les sur une grille pour qu'ils finissent de refroidir.

4 Coupez le sommet de tous les gâteaux, puis coupez-le en deux pour obtenir les ailes de fée. Fouettez la crème double pour la faire monter en chantilly. Avec une poche à douille cannelée, déposez-la sur le cupcake en formant une jolie spirale. Placez les ailes de fée. Vous pouvez terminer par un peu de vermicelles en chocolat.

variante

Vous pouvez faire un glaçage à base de beurre et de sucre glace, aromatisé de quelques gouttes d'extrait de vanille.

 truc de cuisinier

Pour être sûr que les ailes vont bien « voler », mettez un tout petit peu plus de pâte dans les moules afin de faire monter encore plus haut les gâteaux.

L'Hogarth

Cupcake aux fruits secs

coût moyen • facile à réaliser • préparation : 40 min • cuisson : 15 min • 12 cupcakes

saladier
fouet électrique
poche à douille
moule à muffins
12 caissettes en papier

Pour les cupcakes

2 œufs bio

80 g de sucre en poudre

125 g de farine avec levure incorporée

125 g de beurre fondu

80 g de fruits secs

1 cuil. à soupe de mélasse

Pour le glaçage

170 g de sucre glace

110 g de beurre

3 cuil. à soupe de lait

colorant alimentaire vert

Pour la décoration

perles et paillettes de sucre

1 Préchauffez votre four à 180 °C et préparez d'avance un moule à muffins en disposant les caissettes en papier à l'intérieur.

2 Dans un saladier, battez ensemble le sucre et les œufs avec un fouet électrique pour obtenir une pâte claire, légère et homogène. Ajoutez la mélasse et les fruits secs, et mélangez. Ajoutez le beurre petit à petit tout en fouettant. Ensuite incorporez la farine et mélangez doucement.

3 Une fois que votre pâte est lisse et homogène, remplissez les moules aux trois quarts, mettez-les dans le four à mi-hauteur et laissez cuire pendant 15 à 20 minutes.

variante
Jouez avec les décorations disponibles dans les magasins spécialisés.

4 Attendez 10 minutes avant de retirer les cupcakes du moule, puis posez-les sur une grille pour qu'ils finissent de refroidir.

Pour préparer votre glaçage, battez ensemble tous les ingrédients, en ajoutant du colorant alimentaire petit à petit jusqu'à ce que vous obteniez la couleur désirée, celle d'un véritable sapin de Noël. Glacez les cupcakes à l'aide d'une poche à douille. Posez des perles de sucre argentées et dorées ainsi que des paillettes de sucre pour créer un petit sapin de Noël à dévorer !

 truc de cuisinier
Utilisez toujours du beurre à température ambiante pour votre glaçage. Il se mélange bien plus facilement.

Le Guggenheim
Cupcake au beurre de cacahouètes

coût moyen • facile à réaliser • préparation : 40 min • cuisson : 15 min • 12 cupcakes

saladier
fouet électrique
poche à douille
moule à muffins
12 caissettes en papier

Pour les cupcakes

2 œufs bio

125 g de sucre en poudre

125 g de farine avec
levure incorporée

125 g de beurre fondu

125 g de beurre
de cacahouètes

Pour le glaçage

170 g de sucre glace

110 g de beurre

1 cuil. à soupe de beurre
de cacahouètes

75 g de cacahouètes
hachées

Pour la décoration

des cacahouètes
hachées

1 Préchauffez votre four à 180 °C et préparez d'avance un moule à muffins en disposant les caissettes en papier à l'intérieur.

2 Dans un saladier, battez ensemble le sucre et les œufs avec un fouet électrique pour obtenir une pâte claire, légère et homogène. Ajoutez le beurre fondu petit à petit en continuant de fouetter. Ensuite incorporez la farine et mélangez doucement.

3 Une fois que votre pâte est lisse et homogène, mettez-en 1 cuillerée à soupe dans les moules, ajoutez

1 cuillerée à café de beurre de cacahouètes, puis remplissez chaque moule à mi-hauteur avec la pâte. Enfournez à mi-hauteur et laissez cuire pendant environ 15 minutes. Attendez 10 minutes avant de retirer les cupcakes du moule, puis posez-les sur une grille pour qu'ils finissent de refroidir.

4 Pour préparer votre glaçage, battez ensemble le sucre glace, le beurre et le beurre de cacahouètes. Avec une poche à douille, déposez-le librement sur vos cupcakes.

variante
Si vous aimez bien le beurre de cacahouètes, étalez-en un peu sur les gâteaux avant de poser le glaçage.

 truc de cuisinier
Pour utiliser plus facilement le glaçage, gardez-le au frais jusqu'au dernier moment.

La Corbeille de fruits – Cupcake tutti frutti

bon marché • facile à réaliser • préparation : 40 min • cuisson : 15 min • 12 cupcakes

saladier - fouet électrique
moule à muffins
12 caissettes en papier

Pour les cupcakes

2 œufs bio - 125 g de sucre
en poudre - 125 g de beurre

125 g de farine avec levure
incorporée

100 g de fruits confits

Pour le glaçage

250 g de sucre glace

4 cuil. à soupe de jus de citron

Préchauffez votre four à 180 °C et disposez les caissettes en papier dans un moule à muffins.

Dans un saladier, battez ensemble le sucre et les œufs avec un fouet électrique jusqu'à ce que le mélange blanchisse. Ajoutez le beurre fondu petit à petit en continuant de fouetter. Ensuite incorporez la farine et les fruits confits, et mélangez doucement. Une fois que votre pâte est lisse et homogène, remplissez les moules à moitié, mettez-les dans le four à mi-hauteur et laissez cuire pendant environ 15 minutes. Attendez 10 minutes puis laissez refroidir hors des moules.

Mélangez le sucre glace et le jus de citron. Glacez les cupcakes à l'aide d'une cuillère à café ou d'un couteau palette. Vous pouvez décorer avec des perles de sucre coloré.

Le nu sans titre – Cupcake aux fleurs de sureau

bon marché • facile à réaliser • préparation : 40 min • cuisson : 15 min • 12 cupcakes

saladier - fouet électrique
moule à muffins
12 caissettes en papier

Pour les cupcakes

2 œufs bio - 125 g de sucre
en poudre - 125 g de beurre

125 g de farine avec levure
incorporée

10 cl de sirop de sureau

Pour le glaçage

250 g de sucre glace - 2 cuil.
à soupe de jus de citron

1 cuil. à soupe de sirop de
sureau

Préchauffez votre four à 180 °C et disposez les caissettes en papier dans un moule à muffins.

Dans un saladier, battez ensemble le sucre et les œufs avec un fouet électrique jusqu'à ce que le mélange blanchisse. Ajoutez le beurre fondu petit à petit en continuant de fouetter. Ensuite incorporez la farine et le sirop de sureau, et mélangez doucement. Une fois que votre pâte est lisse et homogène, remplissez les moules à moitié, enfournez à mi-hauteur et laissez cuire pendant environ 15 minutes. Attendez 10 minutes puis laissez refroidir hors des moules.

Mélangez le sucre glace et le jus de citron avec un peu de sirop. Glacez les cupcakes à l'aide d'une cuillère à café ou d'un couteau palette. Vous pouvez décorer avec des perles de sucre coloré.

La Nuit étoilée

Cupcake aux myrtilles

coût moyen • facile à réaliser • préparation : 40 min • cuisson : 15 min • 12 cupcakes

saladier
fouet électrique
poche à douille
moule à muffins
12 caissettes en papier

Pour les cupcakes

2 œufs bio

125 g de sucre en poudre

125 g de farine avec
levure incorporée

125 g de beurre fondu

125 g de myrtilles

Pour le glaçage

170 g de sucre glace

110 g de beurre

colorant alimentaire
bleu foncé

Pour la décoration

quelques myrtilles

étoiles en sucre

1 Préchauffez votre four à 180 °C et préparez d'avance un moule à muffins en disposant les caissettes en papier à l'intérieur.

2 Dans un saladier, battez ensemble le sucre et les œufs avec un fouet électrique pour obtenir une pâte claire, légère et homogène. Ajoutez le beurre petit à petit en continuant de fouetter. Ensuite incorporez la farine et les myrtilles, et mélangez doucement.

3 Une fois que votre pâte est lisse et homogène, remplissez les moules à moitié, mettez-les dans le four à mi-hauteur et laissez cuire pendant environ 15 minutes. Attendez 10 minutes avant de retirer les cupcakes du moule, puis posez-les sur une grille pour qu'ils finissent de refroidir.

4 Pour préparer votre glaçage, battez ensemble le sucre glace, le beurre et quelques gouttes de colorant alimentaire de façon à obtenir un bleu nuit. Avec une poche à douille munie d'une petite pointe, déposez-le sur vos cupcakes. Pour finir, décorez avec des myrtilles et des paillettes de sucre en forme d'étoile.

variante

Si vous ne trouvez pas de paillettes sucrées en forme d'étoile, vous pouvez utiliser des perles de sucre argentées ou dorées.

 ## truc de cuisinier

Pour éviter d'avoir trop de glaçage sur les gâteaux, pensez à utiliser plus de myrtilles.

Le Degas
Cupcake aux saveurs de rose et d'orange

bon marché • facile à réaliser • préparation : 40 min • cuisson : 15 min • 12 cupcakes

saladier - fouet électrique
poche à douille
moule à muffins
12 caissettes en papier

Pour les cupcakes
2 œufs bio
125 g de sucre en poudre
125 g de farine avec levure incorporée
125 g de beurre fondu
1 cuil. à café d'eau de rose
1 cuil. à café d'eau de fleur d'oranger
Pour le glaçage
170 g de sucre glace
110 g de beurre
2 cuil. à soupe de lait
1 cuil. à soupe d'eau de fleur d'oranger
Pour la décoration
zestes d'orange

1 Préchauffez votre four à 180 °C et préparez d'avance un moule à muffins en disposant les caissettes en papier à l'intérieur.

2 Dans un saladier, battez ensemble le sucre, les œufs, avec un fouet électrique pour obtenir une pâte claire et homogène. Ajoutez le beurre petit à petit, ainsi que l'eau de rose et celle de fleur d'oranger, en continuant de fouetter. Ensuite incorporez la farine, et mélangez doucement.

3 Une fois que votre pâte est lisse et homogène, remplissez les moules à moitié, mettez-les dans le four à mi-hauteur et laissez cuire pendant environ 15 minutes. Attendez 10 minutes avant de retirer les cupcakes du moule, puis posez-les sur une grille pour qu'ils finissent de refroidir.

4 Pour préparer votre glaçage, battez ensemble le sucre glace, le beurre, le lait et l'eau de fleur d'oranger. Avec une poche à douille, déposez-le en spirale au centre de chaque cupcake. Parsemez de zestes d'orange.

variante
Vous pouvez diviser le glaçage en deux parts, l'une à la rose et l'autre à l'orange.

 **truc de cuisinier**
N'hésitez pas à faire des essais avec les douilles pour obtenir des effets différents.

La Femme lavande

Cupcake légèrement aromatisé de lavande

bon marché • facile à réaliser • préparation : 40 min • cuisson : 15 min • 12 cupcakes

saladier
fouet électrique
poche à douille
moule à muffins
12 caissettes en papier

Pour les cupcakes

2 œufs bio

125 g de sucre en poudre, parfum lavande

125 g de farine avec levure incorporée

125 g de beurre fondu

Pour le glaçage

170 g de sucre glace

110 g de beurre

3 cuil. à soupe de lait

quelques gouttes de colorant alimentaire mauve

1 Préchauffez votre four à 180 °C et préparez d'avance un moule à muffins en disposant les caissettes en papier à l'intérieur.

2 Dans un saladier, battez ensemble le sucre et les œufs avec un fouet électrique pour obtenir une pâte claire, légère et homogène. Ajoutez le beurre petit à petit en continuant de fouetter. Ensuite incorporez la farine et mélangez doucement.

3 Une fois que votre pâte est lisse et homogène, remplissez les moules à moitié, mettez-les dans le four à mi-hauteur et laissez cuire pendant environ 15 minutes. Attendez 10 minutes avant de retirer les cupcakes du moule, puis posez-les sur une grille pour qu'ils finissent de refroidir.

4 Pour préparer votre glaçage, battez ensemble le sucre glace, le beurre et le colorant alimentaire de façon à obtenir un bleu lavande. Avec une poche à douille, déposez-le librement sur vos cupcakes.

variante

Pour réaliser un glaçage sans beurre, mélangez 250 g de sucre glace avec 3-4 cuillerées à soupe de jus de citron et 1 ou 2 gouttes de colorant mauve. Il vous faut une couleur lilas pâle. À l'aide d'une cuillère à café, glacez vos gâteaux, et décorez avec une fleur de lavande.

 truc de cuisinier

Ne remplissez pas les caissettes à ras bord pour laisser de la place au glaçage.

Le Klimt – Cupcake au citron

bon marché • facile à réaliser • préparation : 40 min • cuisson : 15 min • 12 cupcakes

saladier - fouet électrique
moule à muffins
12 caissettes en papier

Pour les cupcakes

2 œufs bio - 125 g de sucre en poudre

125 g de farine avec levure incorporée - 125 g de beurre

jus et zestes de 2 citrons

Pour le glaçage

250 g de sucre glace

4 cuil. à soupe de jus de citron

Préchauffez votre four à 180 °C et disposez les caissettes en papier dans un moule à muffins.

Dans un saladier, battez ensemble le sucre et les œufs avec un fouet électrique jusqu'à ce que le mélange blanchisse. Ajoutez le beurre fondu et le jus de citron petit à petit en continuant de fouetter. Ensuite incorporez la farine et les zestes et mélangez doucement. Une fois que votre pâte est lisse et homogène, remplissez les moules à moitié, mettez-les dans le four à mi-hauteur et laissez cuire pendant environ 15 minutes. Attendez 10 minutes puis laissez refroidir hors des moules.

Mélangez le sucre glace et le jus de citron. Glacez les cupcakes à l'aide d'une cuillère à café ou d'un couteau palette. Décorez avec des zestes de citron.

Les Mille et Une Nuits – Cupcake au loukoum

bon marché • facile à réaliser • préparation : 40 min • cuisson : 15 min • 12 cupcakes

saladier - fouet électrique
moule à muffins
12 caissettes en papier

Pour les cupcakes

2 œufs bio - 125 g de sucre en poudre

125 g de farine avec levure incorporée - 125 g de beurre

2 cuil. à soupe d'eau de rose

300 g de loukoum

Pour le glaçage

250 g de sucre glace - 2 cuil. à soupe de jus de citron

Préchauffez votre four à 180 °C et disposez les caissettes en papier dans un moule à muffins.

Dans un saladier, battez ensemble le sucre et les œufs avec un fouet électrique jusqu'à ce que le mélange blanchisse. Ajoutez le beurre fondu petit à petit et l'eau de rose en continuant de fouetter. Ensuite incorporez la farine et mélangez doucement.
Une fois que votre pâte est lisse et homogène, remplissez le fond des moules, ajoutez un morceau de loukoum et recouvrez de pâte. Enfournez pour environ 15 minutes. Attendez 10 minutes puis laissez refroidir hors des moules.

Mélangez le sucre glace et le jus de citron. Glacez les cupcakes à l'aide d'une cuillère à café ou d'un couteau palette. Décorez avec des morceaux de loukoum.

Le Hänsel et Gretel
Cupcake à la forêt-noire

bon marché • facile à réaliser • préparation : 40 min • cuisson : 15 min • 12 cupcakes

saladier - fouet électrique
poche à douille
moule à muffins
12 caissettes en papier

Pour les cupcakes

2 œufs bio - 125 g de sucre en poudre

125 g de farine avec levure incorporée

125 g de beurre fondu

2 cuil. à soupe de cacao en poudre

2 cuil. à soupe de kirsch

1 boîte de cerises noires dénoyautées

Pour le glaçage

170 g de sucre glace

110 g de beurre

1 cuil. à soupe de kirsch

100 g de chocolat noir

Pour la décoration

copeaux de chocolat noir

12 cerises noires dénoyautées

1 Préchauffez votre four à 180 °C et préparez d'avance un moule à muffins en disposant les caissettes en papier à l'intérieur.

2 Dans un saladier, battez ensemble le sucre, le cacao, le kirsch et les œufs avec un fouet électrique pour obtenir une pâte claire, légère et homogène. Ajoutez le beurre petit à petit en continuant de fouetter. Ensuite incorporez la farine et les cerises, et mélangez doucement.

3 Une fois que votre pâte est lisse et homogène, remplissez les moules à moitié, mettez-les dans le four à mi-hauteur et laissez cuire pendant environ 15 minutes. Attendez 10 minutes avant de retirer les cupcakes du moule, puis posez-les sur une grille pour qu'ils finissent de refroidir.

4 Pour préparer votre glaçage, faites fondre le chocolat dans un bain-marie, puis battez ensemble le sucre glace, le beurre, le kirsch et le chocolat fondu. À l'aide d'une poche à douille, déposez-le librement sur vos cupcakes. Décorez avec une cerise et un peu de chocolat noir râpé.

variante

Pour des cupcakes encore plus onctueux, remplacez le cacao en poudre dans la pâte par 100 g de chocolat noir fondu.

 truc de cuisinier

Si la pâte est un peu sèche, pensez à ajouter 2 ou 3 cuillerées à soupe de lait et mélangez à nouveau.

Le Caravage
Cupcake aux pistaches

bon marché • facile à réaliser • préparation : 40 min • cuisson : 15 min • 12 cupcakes

saladier
fouet électrique
poche à douille
moule à muffins
12 caissettes en papier

Pour les cupcakes

**2 œufs bio - 125 g
de sucre en poudre**

**125 g de farine avec
levure incorporée**

125 g de beurre fondu

**125 g de pistaches en
poudre**

Pour le glaçage

170 g de sucre glace

110 g de beurre

**quelques gouttes de
colorant alimentaire
vert foncé**

**pistaches vertes
concassées**

1 Préchauffez votre four à 180 °C et préparez d'avance un moule à muffins en disposant les moules à cupcake en papier à l'intérieur.

2 Dans un saladier, battez ensemble le sucre et les œufs avec un fouet électrique pour obtenir une pâte claire, légère et homogène. Ajoutez le beurre petit à petit en continuant de fouetter. Ensuite incorporez la farine et la poudre de pistaches, et mélangez doucement.

3 Une fois que votre pâte est lisse et homogène, remplissez les moules à moitié, mettez-les dans le four à mi-hauteur et laissez cuire pendant environ 15 minutes. Attendez 10 minutes avant de retirer les cupcakes du moule, puis posez-les sur une grille pour qu'ils finissent de refroidir.

4 Pour préparer votre glaçage, battez ensemble le sucre glace, le beurre et quelques gouttes de colorant vert. À l'aide d'une poche à douille, déposez-le librement sur vos cupcakes. Parsemez de pistaches concassées.

variante
Le cupcake réalisé est inspiré de la fameuse Tête de Méduse du Caravage. A vous de vous inspirer des œuvres du peintre pour créer vos propres décors !

 truc de cuisinier
Les cupcakes se conservent très bien pendant plusieurs jours dans une boîte hermétique.

Le Cupcake XXIᵉ siècle
Cupcake à la betterave et au chocolat noir

bon marché • facile à réaliser • préparation : 40 min • cuisson : 15 min • 12 cupcakes

saladier
fouet électrique
poche à douille
moule à muffins
caissettes en papier

Pour les cupcakes
2 œufs bio - 125 g
de sucre en poudre
125 g de farine avec
levure incorporée
125 g de beurre fondu
1 betterave bio
moyenne
100 g de chocolat noir

Pour la décoration
betterave râpée

1 Préchauffez votre four à 180 °C et préparez d'avance un moule à muffins en disposant les caissettes en papier à l'intérieur. Épluchez et râpez la betterave. Faites fondre le chocolat noir dans un bain-marie.

2 Dans un saladier, battez ensemble le sucre et les œufs avec un fouet électrique pour obtenir une pâte claire, légère et homogène. Ajoutez le beurre petit à petit en continuant de fouetter. Incorporez le chocolat fondu. Ajoutez la betterave râpée. Incorporez ensuite la farine et mélangez doucement.

3 Une fois que votre pâte est lisse et homogène, remplissez les moules à moitié, mettez-les dans le four à mi-hauteur et laissez cuire pendant environ 20 minutes.
Attendez 10 minutes avant de retirer les cupcakes du moule, puis posez-les sur une grille pour qu'ils finissent de refroidir.

4 Pour les décorer, posez sur les gâteaux quelques lanières de betterave râpée.

variante
Faites un nappage avec 100 g de chocolat noir fondu, 1 cuillerée à soupe de betterave râpée et une noix de beurre.

 **truc de cuisinier**
Si vous êtes pressé, faites fondre le chocolat au micro-ondes pendant 1 minute environ.

Les Larmes de réglisse
Cupcake à la réglisse

coût moyen • facile à réaliser • préparation : 40 min • cuisson : 15 min • 12 cupcakes

saladier
fouet électrique
moule à muffins
12 caissettes en papier

Pour les cupcakes

2 œufs bio - 125 g
de sucre en poudre

125 g de farine avec
levure incorporée

125 g de beurre fondu

50 g de bâtons
de réglisse hachés

Pour le glaçage

170 g de sucre glace

110 g de beurre

colorant alimentaire noir

Pour la décoration

bâtons de réglisse

1 Préchauffez votre four à 180 °C et préparez d'avance un moule à muffins en disposant les caissettes en papier à l'intérieur.

2 Dans un saladier, battez ensemble le sucre et les œufs avec un fouet électrique jusqu'à ce que le mélange blanchisse. Ajoutez le beurre petit à petit en continuant de fouetter. Ensuite incorporez la farine et la réglisse et mélangez doucement.

3 Une fois que votre pâte est lisse et homogène, remplissez les moules à moitié, mettez-les dans le four à mi-hauteur et laissez cuire pendant environ 15 minutes. Attendez 10 minutes avant de retirer les cupcakes du moule, puis posez-les sur une grille pour qu'ils finissent de refroidir.

4 Pour préparer votre glaçage, battez ensemble le sucre glace, le beurre et le lait. Ajoutez du colorant alimentaire noir pour obtenir un noir foncé. Étalez librement le glaçage sur les gâteaux à l'aide d'un couteau palette et décorez avec des morceaux de réglisse.

variante
Pour surprendre vos invités, mettez un peu de colorant alimentaire noir dans la pâte à cupcakes !

 truc de cuisinier
La plante de réglisse est reconnaissable par ses fleurs bleues ou violettes.

L'Ambrosien – Cupcake au sirop de sureau

bon marché • facile à réaliser • préparation : 40 min • cuisson : 15 min • 12 cupcakes

saladier - fouet électrique
moule à muffins
12 caissettes en papier

Pour les cupcakes

2 œufs bio - 125 g de sucre en poudre

125 g de farine avec levure incorporée

125 g de beurre fondu

10 cl de sirop de sureau

Pour le glaçage

75 g de beurre

75 g de sucre muscovado

10 cl de crème fraîche

Préchauffez votre four à 180 °C et disposez les caissettes en papier dans un moule à muffins. Préparez d'abord le glaçage en faisant fondre le beurre et le sucre dans une casserole pendant 3 ou 4 minutes. Ajoutez la crème et mélangez. Réservez.

Dans un saladier, battez ensemble le sucre et les œufs avec un fouet électrique jusqu'à ce que le mélange blanchisse. Ajoutez le beurre petit à petit en continuant de fouetter. Ensuite incorporez la farine et le sirop de sureau, et mélangez doucement.

Une fois que votre pâte est lisse et homogène, remplissez les moules à moitié, mettez-les dans le four à mi-hauteur et faites cuire pendant environ 15 minutes. Attendez 10 minutes puis laissez refroidir hors des moules. Vous pouvez ensuite recouvrir les gâteaux avec le glaçage.

La Toile vierge – Cupcake nature

bon marché • facile à réaliser • préparation : 40 min • cuisson : 15 min • 12 cupcakes

saladier - fouet électrique
moule à muffins
12 caissettes en papier

Pour les cupcakes

2 œufs bio - 125 g de sucre en poudre

125 g de sucre en poudre

125 g de farine avec levure incorporée

125 g de beurre fondu

Préchauffez votre four à 180 °C et disposez les caissettes en papier dans un moule à muffins.

Dans un saladier, battez ensemble le sucre et les œufs avec un fouet électrique pour obtenir une pâte claire, légère et homogène. Ajoutez le beurre petit à petit en continuant de fouetter. Ensuite incorporez la farine et mélangez doucement.

Une fois que votre pâte est lisse et homogène, remplissez les moules à moitié, mettez-les dans le four à mi-hauteur et laissez cuire pendant environ 15 minutes. Attendez 10 minutes puis laissez refroidir hors des moules.

L'Ali Baba

Cupcake au baba au rhum

coût moyen • facile à réaliser • préparation : 40 min • cuisson : 15 min • 12 cupcakes

saladier
fouet électrique
moule à muffins
12 caissettes en papier

Pour les cupcakes

2 œufs bio - 125 g
de sucre en poudre

125 g de farine avec
levure incorporée

125 g de beurre fondu

50 g de pistaches
hachées

Pour le glaçage

150 g de sucre en
poudre

3-4 cuil. à soupe
de rhum

Pour la décoration

quelques pistaches
hachées

1 Préchauffez votre four à 180 °C et préparez d'avance un moule à muffins en disposant les caissettes en papier à l'intérieur.

2 Dans un saladier, battez ensemble le sucre et les œufs avec un fouet électrique jusqu'à ce que le mélange blanchisse. Ajoutez le beurre petit à petit en continuant de fouetter. Ensuite incorporez la farine et les pistaches, et mélangez doucement.

3 Une fois que votre pâte est lisse et homogène, remplissez les moules à moitié, mettez-les dans le four à mi-hauteur et faites cuire pendant environ 15 minutes. Laissez tiédir 10 minutes avant de retirer les cupcakes du moule, et posez-les sur une grille.

4 Préparez le glaçage avant que les gâteaux refroidissent. Faites chauffer à feu doux le sucre en poudre avec le rhum et surveillez bien la cuisson. Dès que le sucre est fondu et commence à dorer, versez-en un peu sur le dessus de chaque cupcake. Étalez librement le glaçage sur les gâteaux à l'aide d'un couteau palette et décorez avec quelques morceaux de pistache.

variante

Fourrez vos cupcakes Ali Baba de crème Chantilly. À l'aide d'une cuillère parisienne, enlevez un petit morceau de gâteau. Avec une poche à douille, injectez dans le trou un peu de crème. Remettez le bout de gâteau et glacez.

 truc de cuisinier

Le baba au rhum se prépare habituellement avec une pâte à pain sucrée.

L'Impressionniste

Cupcake aux framboises, myrtilles et amandes

coût moyen • facile à réaliser • préparation : 40 min • cuisson : 15 min • 12 cupcakes

saladier - fouet électrique
moule à muffins
12 caissettes en papier

Pour les cupcakes
2 œufs bio - 125 g
de sucre en poudre

125 g de farine avec
levure incorporée

125 g de beurre fondu

125 g de framboises

125 g de myrtilles

50 g d'amandes effilées

Pour le glaçage

250 g de sucre glace

3-4 cuil. à soupe de jus
de citron

quelques gouttes de
colorant alimentaire bleu

Pour la décoration

quelques framboises
et myrtilles

amandes effilées grillées

1 Préchauffez votre four à 180 °C et préparez d'avance un moule à muffins en disposant les caissettes en papier à l'intérieur.

2 Dans un saladier, battez ensemble le sucre et les œufs avec un fouet électrique jusqu'à ce que le mélange blanchisse. Ajoutez le beurre petit à petit en continuant de fouetter. Ensuite incorporez la farine, les fruits et les amandes, et mélangez doucement.

3 Une fois que votre pâte est lisse et homogène, remplissez les moules à moitié, mettez-les dans le four à mi-hauteur et laissez cuire pendant environ 15 minutes. Attendez 10 minutes avant de retirer les cupcakes du moule, et posez-les sur une grille pour qu'ils finissent de refroidir.

4 Pour préparer le glaçage, mélangez le sucre glace et le jus de citron en ajoutant du colorant alimentaire afin d'obtenir une couleur bleu clair. Avec une cuillère à café, déposez un peu de glaçage sur le dessus des cupcakes. Ajoutez des framboises, des myrtilles et quelques amandes grillées.

variante
Utilisez de la ricotta. Ajoutez-en 3 cuillerées à soupe dans la pâte en même temps que les fruits et faites cuire normalement.

 truc de cuisinier
Ne couvrez pas toute la surface de glaçage.

Le Kahlo
Cupcake choco-piment

bon marché • facile à réaliser • préparation : 40 minutes • cuisson : 15 min • 12 cupcakes

saladier
fouet électrique
moule à muffins
12 caissettes en papier

Pour les cupcakes

2 œufs

1 cuil. à café d'extrait de vanille

125 g de sucre en poudre

125 g de beurre

125 g de farine avec levure incorporée

75 g de cacao en poudre

Pour le glaçage

1 noix de beurre

100 g de chocolat noir fondu

1 piment rouge

1 Préchauffez votre four à 180 °C et préparez d'avance un moule à muffins en disposant les caissettes en papier à l'intérieur.

2 Dans un saladier, battez ensemble le sucre et les œufs avec un fouet électrique jusqu'à ce que le mélange blanchisse. Incorporez le beurre en continuant de fouetter. Ajoutez ensuite la farine, le cacao en poudre, l'extrait de vanille, et mélangez doucement.

3 Une fois que votre pâte est lisse et homogène, remplissez chaque moule à moitié. Enfournez à mi-hauteur et faites cuire pendant environ

15 minutes. Attendez 10 minutes avant de retirer les cupcakes du moule, puis posez-les sur une grille pour qu'ils finissent de refroidir.

4 Pour préparer le glaçage, faites fondre le chocolat dans un bain-marie en ajoutant un demi-piment. Retirez ensuite le piment et ajoutez le beurre. Mélangez bien, puis avec une cuillère à café, déposez un peu de glaçage sur chaque cupcake et étalez-le sur toute la surface. Pour décorer, hachez finement le demi-piment restant, et posez quelques petits dés sur chaque cupcake.

variante
Si vous aimez vraiment le piment, ajoutez-en quelques dés dans la pâte à cupcakes.

 ## truc de cuisinier
N'oubliez pas de bien vous laver les mains après avoir haché le piment, pour éviter d'avoir les yeux qui piquent si vous vous les frottez.

Le Sculpteur – Cupcake caramel au beurre salé

bon marché • facile à réaliser • préparation : 40 min • cuisson : 15 min • 12 cupcakes

saladier - fouet électrique
moule à muffins
12 caissettes en papier

Pour les cupcakes

2 œufs bio - 125 g de sucre
en poudre

125 g de farine avec levure
incorporée - 125 g de beurre

5 ou 6 caramels au beurre salé

Pour le glaçage

170 g de sucre glace - 110 g
de beurre

2 cuil. à soupe de caramel

Préchauffez votre four à 180 °C et disposez les caissettes en papier dans un moule à muffins.

À l'aide d'un bon couteau, faites les éclats de caramels. Gardez-en quelques-uns pour décorer. Dans un saladier, battez ensemble le sucre et les œufs avec un fouet électrique pour obtenir une pâte claire, légère et homogène. Ajoutez le beurre fondu petit à petit en continuant de fouetter. Ensuite incorporez la farine et les éclats de caramels, et mélangez doucement. Une fois que votre pâte est lisse et homogène, remplissez les moules à moitié, mettez-les dans le four à mi-hauteur et laissez cuire pendant environ 15 minutes. Attendez 10 minutes puis laissez refroidir hors des moules.

Pour préparer le glaçage, battez tous les ingrédients ensemble en ajoutant le caramel petit à petit. Glacez les cupcakes et décorez avec les éclats.

Le Poète – Cupcake aux dattes

bon marché • facile à réaliser • préparation : 40 min • cuisson : 15 min • 12 cupcakes

saladier - fouet électrique
moule à muffins
12 caissettes en papier

Pour les cupcakes

2 œufs bio - 125 g de sucre
en poudre

125 g de farine avec levure
incorporée -125 g de beurre

150 g de dattes
dénoyautées, hachées

Pour le nappage au caramel

100 g de sucre en poudre

1 cuil. à soupe de jus de citron

Préchauffez votre four à 180 °C et disposez les caissettes en papier dans un moule à muffins.

Dans un saladier, battez ensemble le sucre et les œufs avec un fouet électrique pour obtenir une pâte claire, légère et homogène. Ajoutez le beurre fondu petit à petit en continuant de fouetter. Ensuite incorporez la farine et les dattes, et mélangez doucement. Une fois que votre pâte est lisse et homogène, remplissez les moules à moitié, mettez-les dans le four à mi-hauteur et laissez cuire pendant environ 15 minutes. Attendez 10 minutes puis laissez refroidir hors des moules.

Pour préparer le nappage, faites fondre le sucre à feu doux avec le jus de citron. Attendez qu'il commence à brunir et retirez-le du feu assez rapidement. Nappez vos cupcakes avec ce caramel au citron et décorez avec les dattes restantes.

Le Tricolore
Cupcake vanillé tricolore

bon marché • facile à réaliser • préparation : 40 min • cuisson : 15 min • 12 cupcakes

saladier
fouet électrique
poche à douille
moule à muffins
12 caissettes en papier

Pour les cupcakes

2 œufs bio

80 g de sucre en poudre

125 g de farine avec levure incorporée

125 g de beurre fondu

1 cuil. à café d'extrait de vanille de bonne qualité

1 cuil. à soupe de mélasse

Pour le glaçage

170 g de sucre glace

110 g de beurre

3 cuil. à soupe de lait

colorant alimentaire bleu et rouge

1 Préchauffez votre four à 180 °C et préparez d'avance un moule à muffins en disposant les caissettes en papier à l'intérieur.

2 Dans un saladier, battez ensemble le sucre et les œufs avec un fouet électrique pour obtenir une pâte claire, légère et homogène. Ajoutez l'extrait de vanille et la mélasse, et continuez de mélanger. Ajoutez le beurre petit à petit en continuant de fouetter. Ensuite incorporez la farine et mélangez doucement.

3 Une fois que votre pâte est lisse et homogène, remplissez les moules aux trois quarts, mettez-les dans le four à mi-hauteur et laissez cuire pendant 15 à 20 minutes.

variante

Étalez un glaçage blanc à base de sucre glace et de jus de citron, puis déposez le rouge et le bleu en spirales.

Attendez 10 minutes avant de retirer les cupcakes du moule, puis posez-les sur une grille pour qu'ils finissent de refroidir.

4 Pour préparer votre glaçage, battez ensemble le sucre glace, le beurre et le lait. Répartissez le mélange dans trois petits bols. Colorez une part en rouge et une autre en bleu. Pour obtenir une spirale tricolore, gardez bien ouverte votre poche à douille et mettez-y le glaçage rouge. Ajoutez soigneusement le bleu et le blanc de façon que les crèmes se mélangent le moins possible. Pressez légèrement pour que les trois couleurs commencent à sortir en même temps. Réalisez votre décor tricolore.

 **truc de cuisinier**

Pour les associations de glaçages, une grande poche à douille sera beaucoup plus facile à remplir qu'une petite.

La Fée verte
Cupcake à l'absinthe

coût moyen • facile à réaliser • préparation : 40 min • cuisson : 15 min • 12 cupcakes

saladier
fouet électrique
poche à douille
moule à muffins
12 caissettes en papier

Pour les cupcakes

2 œufs bio

80 g de sucre roux
en poudre

125 g de farine avec
levure incorporée

125 g de beurre fondu

3 cuil. à soupe
d'absinthe

Pour le glaçage

170 g de sucre glace

110 g de beurre

1 cuil. à soupe
d'absinthe

colorant alimentaire
vert

1 Préchauffez votre four à 180 °C et préparez d'avance un moule à muffins en disposant les caissettes en papier à l'intérieur.

2 Dans un saladier, battez ensemble le sucre et les œufs avec un fouet électrique pour obtenir une pâte claire, légère et homogène. Ajoutez l'absinthe et continuez de mélanger. Ajoutez le beurre petit à petit en continuant de fouetter. Ensuite incorporez la farine et mélangez doucement.

3 Une fois que votre pâte est lisse et homogène, remplissez les moules aux trois quarts, mettez-les dans le four à mi-hauteur et laissez cuire pendant 15 à 20 minutes. Attendez 10 minutes avant de retirer les cupcakes du moule, posez-les sur une grille pour qu'ils finissent de refroidir.

4 Pour préparer votre glaçage, battez ensemble le sucre glace, le beurre et l'absinthe, avec un peu de colorant alimentaire. Coupez les sommets de vos gâteaux, puis coupez chaque sommet en deux pour faire les ailes de fée. À l'aide d'une poche à douille, glacez les cupcakes à votre guise et posez 2 ailes.

variante
Vous pouvez également réaliser cette recette avec du Cointreau, du calvados, du cognac...

 truc de cuisinier
Pour obtenir un glaçage parfait, ajoutez l'absinthe petit à petit.

Le Flaming June
Cupcake nature flamboyant

bon marché • facile à réaliser • préparation : 40 min • cuisson : 15 min • 12 cupcakes

saladier
fouet électrique
poche à douille
moule à muffins
12 caissettes en papier

Pour les cupcakes

2 œufs bio

100 g de sucre
en poudre

125 g de farine avec
levure incorporée

125 g de beurre fondu

Pour le glaçage

170 g de sucre glace

110 g de beurre

quelques gouttes de
colorant alimentaire
orange et rouge

1 Préchauffez votre four à 180 °C et préparez d'avance un moule à muffins en disposant les caissettes en papier à l'intérieur.

2 Dans un saladier, battez ensemble le sucre et les œufs avec un fouet électrique pour obtenir une pâte claire et homogène. Ajoutez le beurre petit à petit en continuant de fouetter. Ensuite incorporez la farine et mélangez doucement.

3 Une fois que votre pâte est lisse et homogène, remplissez les moules à

moitié, mettez-les dans le four à mi-hauteur et laissez cuire pendant environ 15 minutes. Attendez 10 minutes avant de retirer les cupcakes du moule, puis posez-les sur une grille pour qu'ils finissent de refroidir.

4 Pour préparer votre glaçage, battez ensemble le sucre glace, le beurre et les gouttes de colorant de façon à obtenir la couleur d'une flamme. À l'aide d'une poche à douille, déposez-le sur vos cupcakes selon votre inspiration.

variante
Mettez une goutte ou deux de fleur d'oranger dans le glaçage pour une saveur encore plus raffinée.

 ## truc de cuisinier
Vous trouverez facilement dans les magasins spécialisés une grande variété de colorants. Si vous ne trouvez pas de colorant orange, mélangez un peu de rouge avec du jaune.

Le Magritte – Cupcake aux pommes

bon marché • facile à réaliser • préparation : 40 min • cuisson : 15 min • 12 cupcakes

saladier - fouet électrique
moule à muffins
12 caissettes en papier

Pour les cupcakes

2 œufs bio - 125 g de sucre en poudre - 2 pommes

50 g de sucre roux

125 g de farine avec levure incorporée - 125 g de beurre

1 cuil. à café de cannelle

Pour le nappage

50 de beurre - 1 pomme

100 g de sucre en poudre

1 cuil. à soupe de jus de citron

Préchauffez votre four à 180 °C et disposez les caissettes en papier dans un moule à muffins.

Épluchez les pommes et coupez-les en petits morceaux. Mettez-les dans une casserole et laissez chauffer à feu doux avec le sucre roux et la cannelle pour obtenir une compote avec des morceaux de pommes.
Dans un saladier, battez ensemble le sucre et les œufs avec un fouet électrique pour obtenir une pâte claire, légère et homogène. Ajoutez le beurre fondu petit à petit en continuant de fouetter. Incorporez ensuite la farine, et mélangez doucement. Une fois que votre pâte est lisse et homogène, mettez-en 1 cuillerée à soupe dans les caissettes, ajoutez 1 cuillerée à café de compote de pommes, puis remplissez les moules à moitié avec la pâte. Enfournez à mi-hauteur et laissez cuire pendant environ 15 minutes. Attendez 10 minutes puis laissez refroidir hors des moules.
Coupez une pomme en quartiers. Faites-les revenir dans le beurre à feu moyen. Ajoutez le sucre et le jus de citron. Laissez le tout brunir avant de le retirer du feu. Posez les tranches de pomme sur les gâteaux et nappez de caramel.

L'Art africain – Cupcake au chocolat

bon marché • facile à réaliser • préparation : 40 min • cuisson : 15 min • 12 cupcakes

saladier - fouet électrique
poche à douille - moule à muffins - 12 caissettes en papier

Pour les cupcakes

2 œufs bio - 125 g de sucre en poudre

125 g de farine avec levure incorporée - 125 g de beurre

150 g de chocolat noir fondu

Pour le glaçage

170 g de sucre glace - 110 g de beurre

100 g de chocolat noir fondu

Préchauffez votre four à 180 °C et disposez les caissettes en papier dans un moule à muffins.

Dans un saladier, battez ensemble le sucre et les œufs avec un fouet électrique pour obtenir une pâte claire, légère et homogène. Ajoutez le beurre fondu petit à petit en continuant de fouetter. Versez le chocolat fondu, puis incorporez la farine et mélangez doucement. Une fois que votre pâte est lisse et homogène, remplissez les moules à moitié, mettez-les dans le four à mi-hauteur et faites cuire pendant environ 15 minutes. Attendez 10 minutes puis laissez refroidir hors des moules.

Pour préparer le glaçage, battez ensemble tous les ingrédients en ajoutant le chocolat fondu petit à petit. Laissez prendre pendant 10 minutes. Déposez le glaçage sur les gâteaux avec une poche à douille et parsemez de chocolat râpé.

La Nature morte
Cupcake au crumble de mûres

coût moyen • facile à réaliser • préparation : 40 min • cuisson : 15 min • 12 cupcakes

saladier
fouet électrique
poche à douille
moule à muffins
12 caissettes en papier

Pour les cupcakes

2 œufs bio

80 g de sucre en poudre

125 g de farine avec levure incorporée

125 g de beurre fondu

1 cuil. à café d'extrait de vanille de bonne qualité

200 g de mûres

5 ou 6 sablés de bonne qualité

1 cuil. à soupe de sucre en poudre

Pour la décoration

quelques mûres

1 Préchauffez votre four à 180 °C et préparez d'avance un moule à muffins en disposant les caissettes en papier à l'intérieur. Dans un saladier, battez ensemble le sucre et les œufs avec un fouet électrique pour obtenir une pâte claire, légère et homogène. Ajoutez l'extrait de vanille et continuez de mélanger. Ajoutez le beurre petit à petit en continuant de fouetter. Ensuite incorporez la farine et mélangez doucement.

2 Une fois que votre pâte est lisse et homogène, remplissez les moules aux trois quarts, mettez-les dans le four à mi-hauteur et laissez cuire pendant 15 à 20 minutes. Attendez 10 minutes avant de retirer les cupcakes du moule, puis posez-les sur une grille pour qu'ils finissent de refroidir.

3 Coupez le sommet des cupcakes de manière à avoir une surface plate. Mettez les mûres à chauffer sur feu doux avec le sucre. Lorsqu'elles commencent juste à ramollir, réservez la quantité nécessaire pour décorer les cupcakes. Continuez de faire cuire le reste jusqu'à ce que vous obteniez une compote, en ajoutant un peu d'eau s'il le faut.

4 Mettez les sablés dans un sachet en plastique, et avec un rouleau à pâtisserie, émiettez les biscuits pour imiter un crumble. Déposez un peu de compote de mûres sur chaque cupcake, ajoutez les mûres réservées, puis les miettes de sablés.

variante
Essayez avec la rhubarbe, ce fruit absolument délicieux.

 **truc de cuisinier**

N'oubliez pas de laver très délicatement les mûres. Elles sont fragiles.

Le Vernissage

Cupcake au citron vert, noix de coco et cardamome

bon marché • facile à réaliser • préparation : 40 min • cuisson : 15 min • 12 cupcakes

saladier - mortier
fouet électrique
moule à muffins
12 caissettes en papier

Pour les cupcakes

2 œufs bio - 80 g de sucre en poudre

125 g de farine avec levure incorporée

125 g de beurre fondu

1 cuil. à soupe de noix de coco râpée

zestes d'1 citron vert

6 gousses de cardamome verte

Pour le glaçage

250 g de sucre glace

3 cuil. à soupe de jus de citron vert

Pour la décoration

gousses de cardamome

noix de coco râpée

1 Préchauffez votre four à 180 °C et préparez d'avance un moule à muffins en disposant les caissettes en papier à l'intérieur. Prélevez les graines des gousses de cardamome et écrasez-les dans un mortier.

2 Dans un saladier, battez ensemble le sucre et les œufs avec un fouet électrique pour obtenir une pâte claire, légère et homogène. Ajoutez le beurre petit à petit en continuant de fouetter. Ensuite incorporez la farine, la noix de coco, la cardamome, les zestes de citron vert, et mélangez doucement.

3 Une fois que votre pâte est lisse et homogène, remplissez les moules à moitié, mettez-les dans le four à mi-hauteur et laissez cuire pendant 15 à 20 minutes. Attendez 10 minutes avant de retirer les cupcakes du moule, puis posez-les sur une grille pour qu'ils finissent de refroidir.

4 Pour préparer votre glaçage, mélangez le sucre glace avec le jus de citron vert. Étalez-le sur les gâteaux à l'aide d'une cuillère ou d'un couteau palette. Décorez avec de la noix de coco râpée et des gousses de cardamome.

variante

Dans une poêle, à sec, faites griller légèrement la noix de coco râpée avant de décorer les cupcakes pour leur donner un peu plus de croquant.

 truc de cuisinier

Si vous chauffez à sec la cardamome, il vous sera plus facile de retirer les graines et le goût sera plus intense.

L'Art nouveau

Cupcake style tatin

bon marché • facile à réaliser • préparation : 40 min • cuisson : 15 min • 12 cupcakes

saladier
fouet électrique
moule à muffins
12 caissettes en papier

Pour les cupcakes

2 œufs bio

80 g de sucre en poudre

50 g de sucre roux

1 pincée de cannelle

125 g de farine avec levure incorporée

125 g de beurre fondu

1 cuil. à café d'extrait de vanille de bonne qualité

2 pommes moyennes

1 Préchauffez votre four à 180 °C et préparez d'avance un moule à muffins en disposant les caissettes en papier à l'intérieur. Épluchez les pommes et coupez-les en petits morceaux. Mettez-les dans une casserole et laissez chauffer à feu doux avec le sucre roux et la cannelle pour obtenir une compote avec des morceaux de pommes.

2 Dans un saladier, battez ensemble le sucre et les œufs avec un fouet électrique pour obtenir une pâte claire, légère et homogène. Ajoutez l'extrait de vanille et continuez de mélanger. Ajoutez le beurre petit à petit en continuant de fouetter. Ensuite incorporez la farine et mélangez doucement.

3 Une fois que votre pâte est lisse et homogène, mettez au fond des caissettes une couche de compote d'1 cm et remplissez les moules aux trois quarts avec la pâte. Enfournez à mi-hauteur et laissez cuire pendant 15 à 20 minutes. Attendez 10 minutes avant de retirer les cupcakes du moule, puis posez-les sur une grille pour qu'ils finissent de refroidir.

4 Saupoudrez de cannelle si vous le désirez.

variante
Cette recette sera délicieuse avec des abricots, des pêches ou des nectarines !

 truc de cuisinier
Les cupcakes tatin sont un peu difficiles à démouler, alors pourquoi ne pas les manger tièdes avec une bonne crème Chantilly ?

Le New-Yorker – Cupcake aux noix de pécan

coût moyen • facile à réaliser • préparation : 50 min • cuisson : 15 min • 12 cupcakes

saladier - fouet électrique
moule à muffins
12 caissettes en papier

Pour les cupcakes

2 œufs bio - 125 g de sucre
en poudre

125 g de farine avec levure
incorporée - 125 g de beurre

1 bonne poignée de noix
de pécan

1 cuil. à café d'extrait de
vanille de bonne qualité

Préchauffez votre four à 180 °C et disposez les caissettes en papier dans un moule à muffins.

Dans un saladier, battez ensemble le sucre et les œufs avec un fouet électrique jusqu'à ce que le mélange blanchisse. Ajoutez le beurre fondu petit à petit en continuant de fouetter. Incorporez l'extrait de vanille et les noix de pécan hachées, ajoutez la farine et mélangez doucement. Une fois que votre pâte est lisse et homogène, remplissez les moules à moitié et posez au centre de chaque cupcake un cerneau de noix. Enfournez à mi-hauteur et laissez cuire pendant environ 15 minutes. Attendez 10 minutes puis laissez refroidir hors des moules.

Vous pouvez décorer avec des cerneaux de noix de pécan.

Le Lautrec – Cupcake au nougat et au caramel

coût moyen • facile à réaliser • préparation : 50 min • cuisson : 15 min • 12 cupcakes

saladier - fouet électrique
moule à muffins
12 caissettes en papier

Pour les cupcakes

2 œufs bio - 125 g de sucre
en poudre

125 g de farine avec levure
incorporée - 125 g de beurre

100 g de nougat, coupé en
morceaux

Pour le nappage

250 g de sucre glace

3 cuil. à soupe de jus de citron

Préchauffez votre four à 180 °C et disposez les caissettes en papier dans un moule à muffins.

Dans un saladier, battez ensemble le sucre et les œufs avec un fouet électrique jusqu'à ce que le mélange blanchisse. Ajoutez le beurre fondu petit à petit en continuant de fouetter. Ajoutez ensuite la farine et mélangez doucement. Incorporez les dés de nougat. Une fois que votre pâte est lisse et homogène, remplissez les moules à moitié, mettez-les dans le four à mi-hauteur et laissez cuire pendant environ 15 minutes. Attendez 10 minutes puis laissez refroidir hors des moules.

Pour préparer le nappage, mélangez bien le sucre et le jus de citron dans un bol. À l'aide d'une cuillère à café, nappez chaque cupcake. Vous pouvez poser au centre de chacun une cerise confite d'une couleur différente.

La Camera obscura
Cupcake orange et panais

bon marché • facile à réaliser • préparation : 40 min • cuisson : 15 min • 12 cupcakes

saladier

fouet électrique

moule à muffins

12 caissettes en papier

Pour les cupcakes

2 œufs bio

125 g de farine avec levure incorporée

125 g de sucre en poudre

1 cuil. à soupe de farine complète

125 g de beurre fondu

2 panais moyens

2 oranges moyennes non traitées

1 Préchauffez votre four à 180 °C et préparez d'avance un moule à muffins en disposant les caissettes en papier à l'intérieur. Épluchez et râpez les panais. Prélevez les zestes des oranges et hachez-les finement. Pressez le jus d'1 orange.

2 Dans un saladier, battez les œufs avec le sucre au fouet électrique pour qu'ils blanchissent. Ajoutez les panais râpés, 2 cuillerées à soupe du jus d'orange et les zestes, en en gardant un peu pour le décor. Continuez de mélanger. Ajoutez le beurre petit à petit en continuant de fouetter. Ensuite incorporez la farine et mélangez doucement.

3 Une fois que votre pâte est lisse et homogène, remplissez les moules aux trois quarts, mettez-les dans le four à mi-hauteur et laissez cuire pendant 15 à 20 minutes. Attendez 10 minutes avant de retirer les cupcakes du moule, puis posez-les sur une grille pour qu'ils finissent de refroidir.

4 Décorez avec des zestes d'orange.

variante
Servez les cupcakes tièdes, coupez-les en deux et tartinez-les de beurre salé pour vous faire un petit quatre-heures gourmand et original.

 ## truc de cuisinier
Le panais est une racine blanche qui ressemble un peu à la carotte. On la trouve au marché et chez les bons primeurs.

Le Bouquet de roses
Cupcake à l'eau de rose

coût moyen • facile à réaliser • préparation : 40 min • cuisson : 15 min • 12 cupcakes

saladier
fouet électrique
moule à muffins
12 caissettes en papier

Pour les cupcakes

2 œufs bio

125 g de sucre en poudre

125 g de farine avec
levure incorporée

125 g de beurre fondu

1 cuil. à soupe d'eau
de rose

Pour le glaçage

250 g de sucre glace

3 cuil. à soupe d'eau
de rose

colorant alimentaire
rose

Pour la décoration

Pétales de rose cristallisés

1 Préchauffez votre four à 180 °C et préparez d'avance un moule à muffins en disposant les caissettes en papier à l'intérieur.

2 Dans un saladier, battez ensemble le sucre et les œufs avec un fouet électrique jusqu'à ce que le mélange blanchisse. Ajoutez le beurre petit à petit en continuant de fouetter. Incorporez l'eau de rose, puis la farine, et mélangez doucement.

3 Une fois que votre pâte est lisse et homogène, remplissez les moules à moitié, mettez-les dans le four à mi-hauteur et laissez cuire pendant environ 15 minutes. Attendez 10 minutes avant de retirer les cupcakes du moule, puis posez-les sur une grille pour qu'ils finissent de refroidir.

4 Pour préparer le glaçage, mélangez le sucre glace et l'eau de rose dans un bol et ajoutez un peu de colorant rose afin d'obtenir la couleur désirée. Étalez le glaçage avec le dos d'une cuillère puis décorez les cupcakes avec les pétales de rose cristallisés.

variante

Décorez avec des pétales de rose frais. Prenez quelques petits pétales d'une rose et couvrez-les légèrement, à l'aide d'un pinceau, de blanc d'œuf battu. Posez-les sur du papier sulfurisé et saupoudrez-les de sucre glace. Laissez sécher, puis posez les pétales sur vos cupcakes.

 truc de cuisinier

Si vous ne trouvez pas de colorant rose, utilisez du colorant rouge en petite quantité.

Le Rive gauche
Cupcake meringué

bon marché • facile à réaliser • préparation : 40 min • cuisson : 15 min • 12 cupcakes

saladier
fouet électrique
poche à douille
moule à muffins
12 caissettes en papier

Pour les cupcakes

2 œufs bio

80 g de sucre en poudre

125 g de farine avec levure incorporée

125 g de beurre fondu

1 cuil. à café d'extrait de vanille de bonne qualité

1 cuil. à soupe de mélasse

Pour la meringue

2 blancs d'œufs

1 cuil. à soupe de sucre glace

1 Préchauffez votre four à 180 °C et préparez d'avance un moule à muffins en disposant les caissettes en papier à l'intérieur.

2 Dans un saladier, battez ensemble le sucre et les œufs avec un fouet électrique pour obtenir une pâte claire, légère et homogène. Ajoutez l'extrait de vanille, la mélasse, et continuez de mélanger. Ajoutez le beurre petit à petit en continuant de fouetter. Ensuite incorporez la farine et mélangez doucement.

3 Une fois que votre pâte est lisse et homogène, remplissez les moules aux trois quarts, mettez-les dans le four à mi-hauteur et laissez cuire pendant 15 à 20 minutes. Attendez 10 minutes avant de retirer les cupcakes du moule, puis posez-les sur une grille pour qu'ils finissent de refroidir.

4 Pour préparer la meringue, préchauffez le gril du four à température moyenne. Battez les blancs d'œufs en neige ferme, en ajoutant le sucre glace lorsqu'ils seront montés à moitié. À l'aide d'une poche à douille, couvrez les cupcakes de meringue et mettez-les sous le gril pendant 5 à 10 minutes. La surface doit être bien dorée.

variante
Mettez un peu de confiture de citron sur les cupcakes avant de les recouvrir de meringue.

 **truc de cuisinier**
Faites attention que les meringues ne brûlent pas. Il faut bien surveiller leur cuisson !

Le Tableau – Cupcake aux poires et aux noix

coût moyen • facile à réaliser • préparation : 40 min • cuisson : 15 min • 12 cupcakes

saladier - fouet électrique

poche à douille - moule à muffins - 12 caissettes en papier

Pour les cupcakes

2 œufs bio - 125 g de sucre en poudre

125 g de farine avec levure incorporée - 125 g de beurre

2 poires - cerneaux de noix

Pour le glaçage

80 g de sucre glace - 50 g de beurre - 1 cuil. à soupe de lait

Préchauffez votre four à 180 °C et disposez les caissettes en papier dans un moule à muffins. Épluchez les poires et coupez-les en petits dés. Arrosez-les d'un peu de jus de citron pour les empêcher de noircir. Hachez les noix.

Dans un saladier, battez ensemble le sucre et les œufs avec un fouet électrique jusqu'à ce que le mélange blanchisse. Ajoutez le beurre fondu petit à petit en continuant de fouetter. Incorporez les dés de poires et les noix, ajoutez la farine et mélangez doucement. Une fois que votre pâte est lisse et homogène, remplissez les moules à moitié, mettez-les dans le four à mi-hauteur et laissez cuire pendant environ 15 minutes. Attendez 10 minutes puis laissez refroidir hors des moules.

Pour préparer le glaçage, mixez tous les ingrédients ensemble avec un fouet électrique ou dans votre robot. Puis déposez-le avec une poche à douille. Décorez, si vous voulez, de noix finement hachées.

Le Baroque – Cupcake à l'amaretto

coût élevé • facile à réaliser • préparation : 40 min • cuisson : 15 min • 12 cupcakes

saladier - fouet électrique

poche à douille - moule à muffins - 12 caissettes en papier

Pour les cupcakes

2 œufs bio - 125 g de sucre en poudre

125 g de farine avec levure incorporée - 125 g de beurre

3 cuil. à soupe d'amaretto

3 cuil. à soupe de poudre d'amandes

Pour le glaçage

80 g de sucre glace

50 g de beurre - 1 cuil. à soupe de lait

Préchauffez votre four à 180 °C et disposez les caissettes en papier dans un moule à muffins.

Dans un saladier, battez ensemble le sucre et les œufs avec un fouet électrique jusqu'à ce que le mélange blanchisse. Ajoutez le beurre fondu petit à petit en continuant de fouetter. Incorporez l'amaretto et la poudre d'amandes, ajoutez la farine et mélangez doucement. Si la pâte est trop sèche, ajoutez 1 cuillerée à soupe de lait. Une fois que votre pâte est lisse et homogène, remplissez les moules à moitié, mettez-les dans le four à mi-hauteur et laissez cuire pendant environ 15 minutes. Attendez 10 minutes puis laissez refroidir hors des moules.

Pour préparer le glaçage, mixez tous les ingrédients ensemble avec un fouet électrique ou dans votre robot. Puis déposez-le avec une poche à douille. Vous pouvez décorer de biscuits amaretti, cassés en petits morceaux.

L'Exotique
Cupcake citron et pavot

bon marché • facile à réaliser • préparation : 40 min • cuisson : 15 min • 12 cupcakes

saladier
fouet électrique
moule à muffins
12 caissettes en papier

Pour les cupcakes

2 œufs bio

125 g de sucre en poudre

125 g de farine avec levure incorporée

125 g de beurre fondu

1 cuil. à soupe de graines de pavot

1 citron vert

1 Préchauffez votre four à 180 °C et préparez d'avance un moule à muffins en disposant les caissettes en papier à l'intérieur. Retirez le zeste et pressez le jus du citron vert.

2 Dans un saladier, battez ensemble le sucre et les œufs avec un fouet électrique pour obtenir une pâte claire, légère et homogène. Ajoutez les zestes et le jus de citron ainsi que les graines de pavot et continuez de mélanger. Ajoutez le beurre petit à petit en continuant de fouetter. Ensuite incorporez la farine et mélangez doucement.

3 Une fois que votre pâte est lisse et homogène, remplissez les moules aux trois quarts, mettez-les dans le four à mi-hauteur et laissez cuire pendant 15 à 20 minutes.

4 Attendez 10 minutes avant de retirer les cupcakes du moule, puis posez-les sur une grille pour qu'ils finissent de refroidir.

variante
Vous pouvez aussi réaliser cette recette avec du citron jaune.

 **truc de cuisinier**
Vous trouverez les graines de pavot dans les magasins bio.

Le Californien
Cupcake à la spiruline

coût élevé • facile à réaliser • préparation : 40 min • cuisson : 15 min • 12 cupcakes

saladier - fouet électrique
poche à douille
moule à muffins
12 caissettes en papier

Pour les cupcakes

2 œufs bio

125 g de sucre en poudre

125 g de farine avec levure incorporée

125 g de beurre fondu

25 g de spiruline en poudre

Pour le glaçage

170 g de sucre glace

110 g de beurre

3 cuil. à soupe de lait

1 cuil. à soupe de thé vert Matcha

Pour la décoration

thé Matcha

spiruline

1 Préchauffez votre four à 180 °C et préparez d'avance un moule à muffins en disposant les caissettes en papier à l'intérieur.

2 Dans un saladier, battez ensemble le sucre et les œufs avec un fouet électrique jusqu'à ce que le mélange blanchisse. Ajoutez le beurre petit à petit en continuant de fouetter. Ensuite incorporez la farine, la spiruline en poudre et mélangez doucement.

3 Une fois que votre pâte est lisse et homogène, remplissez les moules à moitié, mettez-les dans le four à mi-hauteur et laissez cuire pendant environ 15 minutes. Attendez 10 minutes avant de retirer les cupcakes du moule, puis posez-les sur une grille pour qu'ils finissent de refroidir.

4 Pour préparer votre glaçage, battez ensemble le sucre glace, le beurre et le lait avec le thé vert Matcha. Avec une poche à douille, déposez-le en spirales sur chaque cupcake. Saupoudrez de thé vert Matcha.

variante
Vous pouvez également utiliser de la farine d'épeautre.

 truc de cuisinier
La spiruline est une forme d'algue qui contient protéines, vitamines et minéraux. Vous en trouverez dans les magasins bio.

Le Palais de Tokyo
Cupcake fourré aux haricots adzuki

coût moyen • facile à réaliser • préparation : 1 h • cuisson : 15 min • 12 cupcakes

saladier - fouet électrique
poche à douille
moule à muffins
12 caissettes en papier

Pour les cupcakes

2 œufs

1 cuil. à café d'extrait de vanille

125 g de sucre en poudre

125 g de beurre

125 g de farine avec levure incorporée

75 g de cacao en poudre

150 g de haricots adzuki secs, précuits

2 cuil. à soupe d'huile végétale

75 g de sucre en poudre

Pour le glaçage

170 g de sucre glace

110 g de beurre

100 g de chocolat noir fondu

1 Préchauffez votre four à 180 °C et préparez d'avance un moule à muffins en disposant les caissettes en papier à l'intérieur. Au mixeur, faites une purée avec les haricots adzuki précuits, l'huile et 75 g de sucre en poudre, et réservez.

2 Dans un saladier, battez ensemble le reste de sucre, l'extrait de vanille et les œufs avec un fouet électrique jusqu'à ce que le mélange blanchisse. Incorporez le beurre en continuant de fouetter. Ajoutez ensuite la farine et le cacao en poudre, et mélangez doucement.

3 Une fois que votre pâte est lisse et homogène, mettez-en 1 cuillerée à soupe au fond des moules, ajoutez 1 cuillerée à café de purée d'adzuki, puis remplissez à moitié chaque moule avec la pâte. Enfournez à mi-hauteur et laissez cuire pendant environ 15 minutes. Attendez 10 minutes avant de retirer les cupcakes du moule, puis posez-les sur une grille pour qu'ils finissent de refroidir.

4 Pour préparer le glaçage, fouettez tous les ingrédients dans un saladier afin d'obtenir un mélange homogène. Une fois que vos cupcakes ont bien refroidi, remplissez de glaçage une poche à douille et déposez-le en spirales sur chacun d'entre eux.

variante
Si vous ne trouvez pas de haricots adzuki, vous pouvez réaliser cette recette avec des haricots rouges. Utilisez la même quantité.

 truc de cuisinier
Pour réaliser plus facilement le glaçage, gardez-le au frais jusqu'au dernier moment.

Le Pop art – Cupcake aux petits pois à la menthe

coût moyen • facile à réaliser • préparation : 50 min • cuisson : 15 min • 12 cupcakes

saladier - fouet électrique
moule à muffins
12 caissettes en papier

Pour les cupcakes

2 œufs bio - 125 g de farine avec levure incorporée

1 cuil. à soupe de farine complète - 125 g de beurre

1/2 cuil. à café de levure chimique - sel et poivre

100 g de petits pois surgelés

1 cuil. à soupe crème fraîche

1 bouquet de menthe

Préchauffez votre four à 180 °C et disposez les caissettes en papier dans un moule à muffins. Faites cuire les petits pois dans de l'eau bouillante. Égouttez-les et mixez-les avec une pincée de sel et de poivre, de la crème fraîche et une poignée de feuilles de menthe jusqu'à obtenir une purée homogène. Assaisonnez.

Dans un saladier, à l'aide d'un fouet électrique, battez les œufs avec une pincée de sel pour obtenir une pâte claire, légère et homogène. Ajoutez le beurre fondu petit à petit en continuant de fouetter. Incorporez les 2 sortes de farines et la levure, et mélangez doucement. Une fois que votre pâte est lisse et homogène, remplissez les caissettes en papier et faites cuire à mi-hauteur du four pendant 15 à 20 minutes. Attendez 10 minutes puis laissez refroidir hors des moules.

Avec une cuillère parisienne, retirez un petit morceau du cupcake, remplissez le trou de purée de petits pois, remettez le bout de gâteau et recouvrez du reste de la purée. Décorez avec un petit pois ou des feuilles de menthe.

Le Renaissance – Cupcake à la polenta

coût moyen • facile à réaliser • préparation : 40 min • cuisson : 15 min • 12 cupcakes

saladier - fouet électrique
moule à muffins
12 caissettes en papier

Pour les cupcakes

2 œufs bio - 1 pincée de sel et de poivre

100 g de farine avec levure incorporée - 125 g de beurre

50 g de polenta

1/2 cuil. à café de levure chimique

2 cuil. à soupe de parmesan râpé - huile d'olive

Préchauffez votre four à 180 °C et disposez les caissettes en papier dans un moule à muffins.

Dans un saladier, battez ensemble le sel, le poivre et les œufs avec un fouet électrique pour obtenir une pâte claire, légère et homogène. Ajoutez le beurre fondu petit à petit en continuant de fouetter. Ensuite incorporez la farine, la levure et la polenta. Ajoutez le parmesan râpé et 2 ou 3 cuillerées à soupe d'huile d'olive, et mélangez doucement. Une fois que votre pâte est lisse et homogène, remplissez les caissettes en papier et faites cuire à mi-hauteur du four pendant environ
20 minutes. Attendez 10 minutes puis laissez refroidir hors des moules.

Le Fauve

Cupcake aux champignons sauvages

coût élevé • facile à réaliser • préparation : 40 minutes • cuisson : 15 min • 12 cupcakes

saladier
fouet électrique
moule à muffins
12 caissettes en papier

Pour les cupcakes

2 œufs

125 g de beurre + 1 noix

100 g de farine avec levure incorporée

1 cuil. à soupe de farine complète

200 g d'un mélange de champignons sauvages

1 gousse d'ail haché

persil haché

sel et poivre

1 Préchauffez votre four à 180 °C et préparez d'avance un moule à muffins en disposant les caissettes en papier à l'intérieur.

2 Faites revenir l'ail avec les champignons dans un peu de beurre sur feu doux pendant quelques minutes, retirez du feu et ajoutez le persil. Mélangez.

3 Dans un saladier, battez les œufs avec un fouet électrique et incorporez le beurre en continuant de fouetter. Ajoutez ensuite les farines, le sel et le poivre. Enfin, tout en mélangeant, incorporez les champignons. Une fois que votre pâte est lisse et homogène, remplissez chaque moule.

4 Enfournez à mi-hauteur et laissez cuire pendant 15 à 20 minutes. La surface doit être bien dorée. Attendez 10 minutes avant de retirer les cupcakes du moule, puis posez-les sur une grille pour qu'ils finissent de refroidir. Décorez de persil haché.

variante

Des champignons séchés seront parfaits pour cette recette.

 truc de cuisinier

Avec la farine complète, la pâte peut devenir un peu sèche. Dans ce cas, ajoutez un soupçon d'huile d'olive.

Le Howard Hodgkin
Cupcake au stilton et au brocoli

bon marché • facile à réaliser • préparation : 40 min • cuisson : 15 min • 12 cupcakes

saladier
fouet électrique
moule à muffins
12 caissettes en papier

Pour les cupcakes

2 œufs bio

1 pincée de sel et de poivre

125 g de farine avec levure incorporée

1 cuil. à soupe de farine complète

1/2 cuil. à café de levure chimique

125 g de beurre fondu

1 tête de brocoli moyenne

150 g de stilton ou de bleu en petits dés

1 Préchauffez votre four à 180 °C et préparez d'avance un moule à muffins en disposant les caissettes en papier à l'intérieur.

2 Dans un saladier, battez ensemble sel, poivre et œufs avec un fouet électrique pour obtenir une pâte claire, légère et homogène. Incorporez le fromage et continuez de mélanger. Ajoutez le beurre petit à petit en continuant de fouetter. Ensuite incorporez les farines et continuez de mélanger doucement.

3 Une fois que votre pâte est lisse et homogène, versez-en 1 cuillerée à soupe dans les moules, ajoutez 1 fleurette de brocoli, et remplissez chaque moule à mi-hauteur avec la pâte. Posez quelques petits dés de fromage sur le dessus, enfournez à mi-hauteur et laissez cuire pendant environ 15 minutes.

4 Attendez 10 minutes avant de retirer les cupcakes du moule, puis posez-les sur une grille pour les laisser refroidir.

variante
Vous pouvez fourrer vos cupcakes avec différents légumes, des asperges par exemple.

 **truc de cuisinier**
Le stilton est un fromage bleu d'Angleterre assez fort. Il peut très bien se remplacer par du roquefort.

La Grande Vague
Cupcake aux algues

coût moyen • facile à réaliser • préparation : 40 min • cuisson : 15 min • 12 cupcakes

saladier
fouet électrique
poche à douille
moule à muffins
12 caissettes en papier

Pour les cupcakes
2 œufs bio
1 pincée de sel
125 g de farine avec levure incorporée
125 g de beurre fondu
50 g d'algues séchées
Pour le glaçage
1/2 céleri-rave
poudre de wasabi
sel
noix de beurre
Pour la décoration
brins d'algue secs

1 Préchauffez votre four à 180 °C et préparez d'avance un moule à muffins en disposant les caissettes en papier à l'intérieur. Faites tremper dans de l'eau bouillante les algues pendant quelques minutes. Égouttez-les et hachez-les assez grossièrement.

2 Dans un saladier, battez ensemble les œufs avec un fouet électrique et ajoutez le sel et le beurre petit à petit en continuant de fouetter. Ensuite incorporez la farine et les algues, et mélangez doucement.

3 Une fois que votre pâte est lisse et homogène, remplissez les moules à moitié, mettez-les dans le four à mi-hauteur et laissez cuire pendant environ 15 minutes. Attendez

10 minutes avant de retirer les cupcakes du moule, puis posez-les sur une grille pour qu'ils finissent de refroidir.

4 Pour préparer votre glaçage, épluchez et coupez en petits dés le céleri. Faites-le cuire dans une casserole d'eau. Quand il est devenu tendre, égouttez-le et faites une purée très lisse en ajoutant le beurre et le sel. Laissez refroidir. En utilisant une poche à douille et un embout en forme de demi-lune, dessinez de petites vagues avec la purée de céleri sur un côté du cupcake. Saupoudrez très légèrement d'un peu de poudre de wasabi. Posez des brins d'algues secs, uniquement pour décorer (ils ne se mangent pas).

variante
Pour que cela ressemble encore plus à une vague d'océan, ajoutez un peu de colorant alimentaire bleu dans la purée de céleri.

 truc de cuisinier
La poudre de wasabi a un goût très fort, n'en mettez pas trop.

L'expressionniste

Cupcake à la betterave et à la courgette

bon marché • facile à réaliser • préparation : 40 minutes • cuisson : 15 min • 12 cupcakes

saladier

fouet électrique

moule à muffins

12 caissettes en papier

Pour les cupcakes

2 œufs

125 g de beurre

100 g de farine avec levure incorporée

1 cuil. à soupe de farine complète

2 courgettes moyennes

1 betterave

1 oignon haché

1 gousse d'ail

sel et poivre

1 Préchauffez votre four à 180 °C et préparez d'avance un moule à muffins en disposant les caissettes en papier à l'intérieur. Faites revenir l'oignon et l'ail écrasé dans une poêle. Ajoutez les courgettes et la betterave après les avoir râpées. Faites revenir pendant 2 ou 3 minutes. Éteignez le feu.

2 Dans un saladier, battez les œufs avec un fouet électrique et incorporez le beurre en continuant de fouetter. Ajoutez les farines, le sel et le poivre. Ensuite, tout en mélangeant, incorporez les courgettes et la betterave.

3 Une fois que votre pâte est lisse et homogène, remplissez chaque moule. Enfournez à mi-hauteur et laissez cuire pendant environ 15 à 20 minutes. La surface doit être bien dorée.
Attendez 10 minutes avant de retirer les cupcakes du moule, puis posez-les sur une grille pour qu'ils finissent de refroidir.

4 Vous pouvez décorer les cupcakes avec des brins d'herbe.

variante

Coupez du fromage en petits dés et faites-les fondre sur les cupcakes sous le gril du four. À déguster aussitôt !

 truc de cuisinier

Les cupcakes salés peuvent être utilisés comme des petits pains pour accompagner une soupe ou d'autres entrées. Coupez les en deux et servez-les avec du bon beurre.

Le Parthénon – Cupcake à la feta et au thym

coût moyen • facile à réaliser • préparation : 40 min • cuisson : 15 min • 12 cupcakes

saladier - fouet électrique
moule à muffins
12 caissettes en papier

Pour les cupcakes

2 œufs bio - 1 pincée de sel
et de poivre - 125 g de beurre

125 g de farine avec levure
incorporée

1 cuil. à soupe de farine
complète - thym frais

1/2 cuil. à café de levure
chimique

100 g de feta

1 cuil. à soupe de crème
fraîche - huile d'olive

Préchauffez votre four à 180 °C et disposez les caissettes en papier dans un moule à muffins.

Dans un saladier, battez ensemble le sel, le poivre et les œufs avec un fouet électrique pour obtenir une pâte claire, légère et homogène. Ajoutez le beurre fondu petit à petit en continuant de fouetter. Ensuite incorporez les 2 sortes de farines avec la levure, la feta coupée en petits dés et les feuilles de thym, ainsi que 2 ou 3 cuillerées à soupe d'huile d'olive, et mélangez doucement. Une fois que votre pâte est lisse et homogène, remplissez les caissettes en papier et faites cuire à mi-hauteur du four pendant environ 15 minutes. Attendez 10 minutes puis laissez refroidir hors des moules.

Décorez avec des dés de feta et des branches de thym ou arrosez d'huile d'olive.

Le Vénus de Milo – Cupcake aux olives et aux anchois

coût élevé • facile à réaliser • préparation : 40 min • cuisson : 15 min • 12 cupcakes

saladier - fouet électrique
moule à muffins
12 caissettes en papier

Pour les cupcakes

2 œufs bio - 1 pincée de sel
et de poivre - 125 g de beurre

125 g de farine avec levure
incorporée - 100 g d'olives

1 cuil. à soupe de farine
complète

2 à 3 cuil. à café de purée
d'anchois

1/2 cuil. à café de levure
chimique - huile d'olive

1 boîte de filets d'anchois

Préchauffez votre four à 180 °C et disposez les caissettes en papier dans un moule à muffins.

Dans un saladier, battez ensemble le sel, le poivre et les œufs avec un fouet électrique pour obtenir une pâte légère et homogène. Ajoutez le beurre fondu petit à petit en continuant de fouetter. Ensuite incorporez la farine et la levure. Ajoutez la purée d'anchois, les olives hachées et 2 ou 3 cuillerées à soupe d'huile d'olive. Continuez de mélanger doucement.

Une fois que votre pâte est lisse et homogène, remplissez les caissettes en papier. Posez un filet d'anchois sur chaque cupcake et quelques dés d'olives s'il vous en reste, et faites cuire à mi-hauteur du four pendant environ 20 minutes. Attendez 10 minutes puis laissez refroidir hors des moules.

Index des recettes

Infos mesures

	1 cuil. à café rase	1 cuil. à soupe rase
Farine	5 g	15 g
Sucre	6 g	20 g
Liqueur	0,5 cl ou un trait	1 cl
Fécule	5 g	15 g
Vin/eau	0,5 cl	1 cl